Frank Weber

JEDER MOMENT BLEIBT

Ein autobiographisches Lesebuch

telar verlag

Dank an Karin Schmid für die Gestaltung dieses Buches
und an Sabine Otter für das Korrekturlesen.

1. Auflage 2017
© 2017 τelar Verlag, Schweinfurt, Deutschland
Alle Rechte vorbehalten
Titelbild: Mamuru Saúl Morón Chisaka, Cochabamba, Bolivien
Korrektur: Sabine Otter, Schweinfurt
Satz und Herstellung: Karin Schmid, Baldham
Druck und Bindung: Druckerei Rudolph, Ebertshausen
Printed in Germany

ISBN: 978-3-930285-11-2

Meinen Wegbegleiterinnen und Wegbegleitern
über all die vielen Jahre.
Sie ließen tragende Freundschaften wachsen
und haben mir durch ihre Hilfe, mit ihrer Kritik und Geduld
vieles erträglicher gemacht und vor allem
zahlreiche der bleibenden Momente geschenkt.

Anstelle eines Vorworts

Ja, ich habe das schon gehört, dass es die Erinnerungen sind, die bleiben, weil die Momente im selben Augenblick schon wieder vorüber sind.

Doch für mich ist es die Zeit, die vergeht – und die Momente bleiben. Die Momente sind die Rohstoffe für die Erinnerungen.

Wenn wir uns erinnern, dann erinnern wir uns besonders an die schönen Momente, die unser Leben so lebenswert machen.
Nicht ohne Grund kennen wir den Begriff „Glücksmoment" und wir verbinden damit unsere schönsten Ereignisse des Lebens.
Es sind diese Momente der Glücksgefühle, von denen wir lange zehren; besonders dann, wenn wir in unserem Leben schwierige Hürden zu meistern haben.

Natürlich setzen sich Schreckensmomente ebenso tief in unserem Gedächtnis fest.
Da bleibt uns etwa der Verlust eines lieben Menschen in Erinnerung und damit das Wissen um die Vergänglichkeit.
Momente des bangen Wartens begleiten uns zuweilen ein Leben lang.

Und es gibt auch die intensiven Momente, die uns erhalten bleiben, weil sie unseren Lebensweg entscheidend beeinflussten und prägten.

Eine einzige Momentaufnahme, die wir in unserer Erinnerung als kurze Zeitspanne oder als Augenblick speichern, kann unser Leben komplett verändern, im Guten wie im Schlechten.

Bei den Vorbereitungen zu diesem Buch, wurde mir in der Rückschau auf das eigene Leben bewusst, was der ein oder andere Moment aus mir gemacht hat.
Jeder einzelne Text gibt Momente wieder, die mich seinerzeit aufrüttelten, verärgerten, entsetzten oder bestätigten und motivierten. Und aus dieser Mischung zog ich jeweils meine ganz persönlichen Konsequenzen für den nächsten Schritt, der zu tun war.

Mir scheint, als wäre das Leben eine Sammlung von Momenten, weil kein Moment jemals mehr verloren geht.

Jeder Moment bleibt.

Frank Weber

INHALT

PROLOG   9

Anfang machen   10
Auf der Suche   11
Absichtserklärung   13
Lerneinheit   15

Ankunft erleben   18
Fremde Welt   19
Neue Lebenswelt   21

Motivation spüren   23
Wut   24
Wider die Vernunft   27
Wunsch und Wirklichkeit   29

Rückschläge aushalten   32
Geduld   33
Tod eines Hurensohnes   37
Monstermutter   43
Eine wichtige Erkenntnis   46

Zukunft glauben   47
Sein   48
Fragen über Fragen   50
Mit körperlichem Einsatz   54
Ein Klick und seine Folgen   59

Momentaufnahmen   64
Dialog der Begegnung   65
Momente, die bleiben   66
Innehalten   68
Der Wutfaktor   69
Hass ist hässlich   70

EPILOG   71

PROLOG

Der kleine Lichtblick in dunklen Momenten.
Die große Überraschung ohne Anlass.
Die Leichtigkeit trotz schwerer Zeiten.
Die Stille inmitten der lautstarken Wichtigtuerei.
Die Freude umzingelt von ernsten Gesichtern.
Die menschliche Wärme bedrängt von kalten Argumenten.
Das Mitgefühl bedroht von naivem Mitleid.
Die persönliche Schwäche angesichts der arroganten Stärke
von Macht und Einfluss.

Es ist nicht die Dunkelheit, es ist das Licht, das Schatten wirft.
Es ist nicht die Stille, aber auch großes Geschrei verhallt.
Es ist nicht die Kälte, aber so manche wärmende Flamme erlischt.
Es ist nicht die Ohnmacht, aber da sind Grenzen des Machbaren.

Was sage ich da?
Ich verliere mich in Gedanken,
die fast nicht in Worte zu fassen sind.

Eigentlich wollte ich nur sagen, dass es sich lohnt,
Wege zu gehen, die keiner vermutet,
Schritte zu wagen, die niemand geht.

Und Worte zu sagen, die darauf warten, endlich gesagt zu werden.
Wenn nötig, auf eigenes Risiko.

Ich suche und finde klare Worte.
Ich bin dabei, mich selbst zu entdecken.

Ich bin ich.

ANFANG MACHEN

Auf der Suche

Wenn Fachleute uns erklären, wie wir ticken,
dann bezeichnen sie uns auch als „Suchende".
Wir suchen unser Glück.
Wir suchen die Freude.
Wir suchen unsere große Liebe.
Wir suchen Befriedigung und Bestätigung.
Wir suchen Befreiung.
Wir suchen den Sinn unseres Lebens, unsere Bestimmung.
Und Frieden mit uns und anderen suchen wir auch.

Wenn es ideal läuft,
dann finden wir dieses erstrebenswerte Glück in der Anerkennung,
in der Freude und vor allem in der Liebe.

Wenn wir suchen und finden können,
dann können wir auch verlieren.
Wir verlieren den Anschluss, gelegentlich die Verbindung;
Auch die Geduld verlieren wir zuweilen.
Und wenn es ganz dumm kommt,
die Hemmung.
Wir verlieren Geld.
Naja, und wir verlieren,
– wir verlieren … na? Richtig! Wir verlieren den Faden …

Wer die Zukunft verliert, ist verloren;
denn was bedrohend die Zukunft nimmt,
stiehlt oft auch des Menschen Würde.
Die Würde verliert, wer zuvor seine Heimat verloren hat,
den Schutz für sich und seine Familie.
Wer auf der Flucht ist vor Gewalt,
Vergewaltigung, Verfolgung und Krieg,
der hat verloren.

Aber nicht, weil er sich etwa verzockt hätte,
sondern weil ihm genommen wurde:
die Heimat, der Schutz, die Freiheit.
Die Hoffnung.

Andererseits sind wir stets am Suchen und übersehen gelegentlich,
schon längst fündig geworden zu sein.
Oft sind es die unverhofften Begegnungen, die uns das finden lassen,
was wir uns unter Glück, Freude und Liebe vorstellen und erhoffen.

Wir müssen nicht immer die Suchenden sein,
so als hätten wir nichts anderes zu tun.
Es genügt wohl in vielen Fällen, uns einfach finden zu lassen,
vom Glück und von anderen in persönlichen Begegnungen.

Absichtserklärung

Kennen Sie das?
Unbeschwert durch eine Straße voller Leute zu laufen,
das Gefühl zu haben,
jede und jeder könnte Ihre Freundin oder Freund sein,
Schwester oder Bruder.

Die einen hetzen mit grantigem Gesicht,
aus welchem Grund auch immer.
Die anderen schlendern mit bewundernswerter Gelassenheit
– trotz der Hektik drum herum.

Gelegentlich ein Lächeln geben und erwidern,
um gleich danach von jemanden, der es eilig hat,
angerempelt zu werden, ohne ein Wort der Entschuldigung.

Wir befinden uns inmitten von Menschen,
die all das in ihren Gesichtern tragen,
was auch uns nicht fremd ist:
Freude. Ärger. Ungeduld.

Und je nach deren Befindlichkeit sehen wir im Vorbeigehen
ein Lachen,
eine Träne,
hochgezogene Augenbrauen
oder eine gerunzelte Stirn.

Und in all dem Trubel um uns herum,
finden wir, wenn wir wirklich Glück haben, – das kleine Glück.
Greifen wir danach!

Wir sollten es behutsam pflegen, um es nicht wieder zu verlieren.
Und wir sollten das, was uns glücklich macht,
auch nicht für uns alleine behalten,
sondern vielmehr sollten wir es teilen, es weiterreichen,
um es schließlich mit anderen Menschen zu genießen.

Die Gespräche zu zweit oder in gemütlicher Runde.
Das richtige Wort im richtigen Moment.
Sich Zeit nehmen, für sich und andere.
Von sich erzählen zu dürfen, weil jemand aufmerksam zuhört.
Von einer Krankheit genesen zu dürfen.
Das Gefühl, geliebt zu werden.

Viele Glücksmomente nehmen wir gar nicht immer wahr,
weil sie uns so alltäglich und selbstverständlich erscheinen
– solange, bis uns etwas abhanden kommt:
Ein geliebter Mensch, unsere Gesundheit, unsere Sicherheit.

Ich jedenfalls habe mich dazu entschieden,
auch weiterhin möglichst unbeschwert
durch die Straßen voller Leute zu laufen
mit dem guten Gefühl,
jede und jeder könnte meine Freundin oder Freund sein,
Schwester oder Bruder.

Lerneinheit

Es fällt mir nicht immer leicht,
die Welt so auszuhalten wie sie eben ist.

Menschen, die sich selbst zum Maßstab nehmen,
ihre eigenen Bedürfnisse und Wünsche
ins Zentrum ihres Handelns setzen,
und die scheinbar irgendwo in der Entwicklung
bei ihrem Ich, ihrem Ego, stehen geblieben sind.
Sie nehmen kaum Notiz
von den schönen, spannenden Ereignissen,
die diese Welt und das Leben zu bieten haben.

Das eigene Wohl und Weiterkommen,
besonders im Beruf, sind legitime Anliegen,
ebenso wie die Suche nach Partnerschaft,
soziale Sicherheit und persönliche Verwirklichung.

Nichts schließt sich aus oder widerspricht einander.
Das ist der Antrieb, der uns Menschen bewegt und wachsen lässt,
der uns gesund hält und – wenn es gut läuft – glücklich macht.

Wenn aber das Streben danach über allem steht,
weil etwa Erfolg und Prestige,
und damit verbunden der wachsende Einfluss
und die vermeintliche Macht,
verführerisch das absolute Glück versprechen,
dann können sich schnell Ängste breitmachen,
die um das Erreichte zittern lassen.
Misstrauen, Missgunst, Missverständnis
nehmen Raum und Zeit ein,
Kopf und Herz.

Ich ertappe mich nun dabei,
auch eigene Maßstäbe an anderen anzulegen.
Und habe gar kein Recht dazu.
Bin selbst nicht immer der,
der ich gerne sein möchte,
mit all meinen Schwächen.
Es steht mir nicht zu,
was mir wichtig ist, auch für andere als wichtig zu erklären.
Und doch, es gibt Momente,
da fehlt mir die Geduld,
angesichts dessen, was eigentlich zu tun wäre,
um der Gerechtigkeit zum Durchbruch zu verhelfen.
Ich frage mich,
wann wir Menschen endlich aufwachen,
um das Schlimmste zu verhindern?
Millionen von Menschen verhungern
oder verdursten.
Tausende ersaufen auf der Flucht
in ein sicheres Leben.
Kinder die schuftend schwere Arbeit leisten,
Alte und Bedürftige, die in modernen Gesellschaften
als unangenehme, kostenintensive Last empfunden werden.

Wer sich darum müht, Menschen in ihrer Not nicht alleine zu lassen,
verliert leicht die Geduld in der Erwartung,
dass doch auch andere ihren Beitrag leisten sollten.
Ich ertappe mich zuweilen auch dabei, mit erhobenem Zeigefinger
eine Veränderung im Denken und Handeln anderer einzufordern.
Doch, ich weiß es, das steht mir nicht zu.

Ich muss mir wohl vor Augen halten,
dass wir Menschen keine Lebewesen sind,
die mit einem solidarischen Gen geboren werden.
Wie im Reich der Tiere setzt sich von klein auf der Stärkere durch.
„Lass dir nichts gefallen!" heißt es später.
Unser Eigentum wird oft besser geschützt,
als so mancher Mensch vor Gewalt.

Ja, wir werden nicht solidarisch geboren,
es liegt nicht in unserer Natur, solidarisch zu sein.
Alles klar, das habe ich begriffen.
Aber ich bin fest davon überzeugt,
dass Solidarität so wie Lesen und Schreiben
eine kulturelle Errungenschaft ist.
Wir kommen nicht lesend und schreibend zur Welt.
Das lernen wir, wie vieles andere auch, mehr oder minder mühsam.
Es schließlich zu perfektionieren und zu beherrschen,
erfordert ständiges Wiederholen und stete Übung.

Mit der Solidarität ist es sicher nicht anders.
Sie muss erlernt werden und durch ständiges Üben
wird sie immer besser.

Dann lass uns mal üben.

ANKUNFT ERLEBEN

Fremde Welt

Fremde Welt,
nicht Angst machend, sondern Neugierde weckend.
Menschen, die so ganz anders sind,
aber nicht furchteinflößend.
Menschen, die verletzt sind,
aber glauben, dass Heilung möglich ist.
Menschen, die lebensfroh sind,
und zeigen, dass die Freude sie trotz aller Tristesse am Leben hält.

Fremde Welten,
die es zu entdecken gibt,
bereisen wir gerne.
Wir entfliehen dem schlechten Wetter in der Heimat
und gönnen uns ein angenehmes Klima irgendwo in der Ferne.
Gelegentlich.
Wir sind voller Begeisterung über die Kulturvielfalt,
die uns zeigt, wie verschieden wir Menschen doch sind,
und dass uns letztendlich unser Mensch-sein grundlegend verbindet.
Oder Menschen grundsätzlich verbinden könnte.
Trotz verschiedener Sprachen, trotz unterschiedlicher Bräuche.
Denn was uns alle bewegt und treibt,
ist die Suche nach Zuneigung,
Liebe geben und Liebe empfangen,
ist Respekt, den wir anderen Menschen gegenüber zeigen
und auch erwarten und einfordern.

Die fremde Welt,
irgendwo da draußen,
ermöglicht uns in der Heimat
den Genuss leckerer Früchte zu jeder Jahreszeit.
Der Duft von geröstetem Kaffee, das Aroma von köstlichem Tee,
sind kleine, aber feine Erlebnisse in unserem Alltag.

Nicht zu vergessen, die Schokolade, die uns im Munde zergeht,
der Pfeffer, der unseren kulinarischen Abenteuern das gewisse Extra gibt.

Fremde Welt,
irgendwo da draußen,
die uns ermöglicht so zu leben, wie wir leben:
Mobil. Stets erreichbar. Billig erwerben. Schnellstens geliefert.
Die fremde Welt scheint alles möglich machen zu können.
Um jeden Preis.
Und wie es scheint, ohne Rücksicht auf Verluste.

Fremde Welt,
die uns doch gar nicht so fremd ist, wie wir tun.
Wir wissen viel,
wollen aber eigentlich gar nicht alles wissen.
Tun so, als wüssten wir nichts. Von alledem.
Was Menschen krank macht,
Menschen ausgrenzt und in Not treibt.
Armut, Gewalt, Tod.
Ein Leben ohne Perspektiven.
Menschen genötigt zur Flucht.

Klar, es bin nicht ich und es bist nicht du oder du oder du,
der Unrecht, Krieg und Vertreibung in der Welt da draußen befeuert.
Aber alles immer auf die Anderen zu schieben,
ist eine ziemlich miese Nummer.
Es sind WIR,
die es meist ziemlich leise,
gelegentlich ohnmächtig,
möglich machen, dass die Welt ist, wie sie eben ist.

Ein fataler Fehler.

Neue Lebenswelt

Eingetaucht in eine Realität, die aber auch gar nichts
mit meinem bisherigen Leben gemeinsam hatte;
um mich herum sehe ich
schmutzige Kinder,
verrohte Jugendliche,
verklebtes, verfilztes Haar,
verfaulte Zähne,
eiternde Wunden.

Pappkartons statt Kinderzimmer.
Drogen statt anständigem Essen.
Sex und Ausbeutung statt Liebe.
Todesahnung statt Lebensperspektive.

Und wenn der Mensch das ist, was er isst,
das behauptet doch ein schlauer Spruch,
dann sind diese Kinder,
die im Müll nach Essbarem suchen,
dann ist jedes einzelne Kind,
das aus den Mülltonnen heraus das Überleben sucht,
einfach nur wie ein Stück Scheiße.
Denn was die Kinder der Straße da in sich hineinschlingen,
ist Dreck, sieht aus und schmeckt
verrottet wie Scheiße.
Der Mensch ist, was er isst.

Wie bitte?
Ich sollte verbal nicht so entgleisen?
Das ist keine Entgleisung!
Es ist Empörung,
aus der tiefsten Tiefe meines Herzens!

Entgleisung, das behaupte ich mal so,
ist doch, dass es diese schreckliche Realität überhaupt gibt.
Es ist politische Entgleisung, weil es offensichtlich zu viel Geld kostet,
verlassene Kinder zu beherbergen.
Es ist soziale Entgleisung, weil Armut zu oft idealisiert wird,
nach dem Motto: Arm, aber glücklich.
Es ist gesellschaftliche Entgleisung, weil wir noch immer glauben machen,
jeder Einzelne sei seines Glückes Schmied.
Es ist religiöse Entgleisung, weil Beten alleine Kinder nicht satt macht.

Diese Entgleisung ist Entgleisung ist Entgleisung ist Entgleisung ist
– beschämend.

Ich erhebe nicht den Anspruch auf Vollständigkeit meiner Bedenken.
Deshalb frage ich:
Ist dem noch etwas hinzuzufügen?

MOTIVATION SPÜREN

Wut

Viel Bewunderung kam mir entgegen,
als ich konkret zu handeln begann:
Ich schuf ein Haus für Kinder,
die bislang kein Zuhause hatten.
Ich bot Zuneigung und Schutz für Kinder,
die bislang darauf verzichten mussten,
anerkannt, geliebt und beschützt zu werden.
Ich übte Respekt Kindern gegenüber,
die nicht einmal eine Ahnung davon hatten,
dass auch ihnen Respekt gebührt.
Ich richtete gebrochene Kinder wieder auf.
Ich weckte bei den Kindern die Freude am Spiel ebenso
wie das Interesse an sich selbst und für das, was sie umgibt.

Lob und Bewunderung schlug mir förmlich entgegen.
Von vielen Seiten.
Zugegeben, das tut gut und motiviert
durchzuhalten und hilft, weiterzumachen.
Trotz mancher Hürde.

Die Frage,
was denn meine Motivation sei,
um das zu tun, was ich eben tue,
wurde oft gestellt in Erwartung einer erbauenden Antwort meinerseits:
„Es ist mein Glaube, meine christliche Prägung, das mich Gutes tun lässt."
Oder:
„Es hat mich so berührt, arme Kinder auf der Straße schlafen zu sehen."
Oder:
„Ich möchte eine bessere Welt schaffen, indem ich Menschen helfe!"
Oder:
„Ich übe Verzicht, opfere meine Lebenszeit, damit es anderen
Menschen besser geht!"

Sicherlich geht es mir auch darum,
meinen Beitrag zu leisten für eine gerechtere Welt.
Mag sein, dass mich persönlich mein Glaube trägt und mir hilft,
so manche Situation zu meistern.

Jetzt aber frage ich euch:
Sehe ICH aus wie Vater Theresa?
Es war nicht zuerst mein großes Herz, das mich bewegte,
Kindern in Not Hilfe zu leisten.
Es war nicht meine großartige Aufrichtigkeit, die mich drängte
Unrecht beim Namen zu nennen.
Es war nicht mein edles Mitgefühl, das mich beschwor,
den Ausgestoßenen und Verlassenen eine Stimme zu geben.
Es war nicht meine einmalige Selbstlosigkeit, die mich dazu hinriss,
mich vielerlei Unannehmlichkeiten auszusetzen,
nur um der Gerechtigkeit zum Durchbruch zu verhelfen.
Es war nicht meine aufopfernde Nächstenliebe,
die sich über die Benachteiligten und Schwachen ergoss.

Nein! Nein! Nein!
Das war es wohl nicht, was mich endlich handeln ließ.

Es war   d i e   WUT!
Ja! Die Wut!

Ich war wütend.
Ich war wütend – auf die politische Korrektheit in der Argumentation.
Ich war wütend – auf ein System, das Menschen ausgrenzt
statt sie einzubeziehen.
Ich war wütend – auf die Macher von Statistiken,
die scheinbar oft genug die Ergebnisse liefern,
die ihre Auftraggeber von ihnen erwarten.

Ich war wütend – auf jene, die soziale Not als Geschäft betreiben,
die neue, verantwortungslose karitative Abhängigkeiten schaffen
– um ihre eigene wohltätige Existenz zu rechtfertigen.
Ich war wütend – auf Situationsversteher
und die selbsternannten Spezialisten,
die uns immer wieder die Welt erklären möchten.
Ich war wütend auf Klischees,
auf „wenn, aber"-Meinungen
und „hätte, dann"-Ausreden.
Ich war wütend auf Klugscheißer.

Ja, ich war wütend. – Ja, wütend.

Ich war wütend auf die Wut.
Sie löst nämlich keine Probleme, nicht mal im Ansatz.
Sie mag zunächst aufrütteln und klarmachen,
dass Veränderung notwendig ist.
Das ist gut.
Nicht mehr und nicht weniger.

Also ließ ich es zu,
dass mein Herz meinem Verstand gelegentlich einen Vorschlag machte,
und dass mein Verstand mein Herz immer mal wieder zu Rate zog.
Das machte es nicht einfacher,
aber ich habe das gute Gefühl, es machte Entscheidungen aufrichtiger.
Schließlich krempelte ich meine Ärmel zurück
und begann mit meinem Tun.

Wider die Vernunft

Die Notwendigkeit spüren,
jetzt etwas zu tun.
In diesem einen Moment eine Entscheidung zu treffen,
die alle bisherigen Entscheidungen
auf einmal nichtig und überflüssig erscheinen lässt.
Weil du endlich begreifst,
worum es eigentlich geht:
das Unwichtige vom Wichtigen zu unterscheiden,
das Unwesentliche vom Wesentlichen.
Du findest dich nicht mehr damit ab,
die Missstände um dich herum
als gegeben und nicht veränderbar hinzunehmen.

Gute Argumente dagegen gibt es genug:
Es hat nichts mit dir zu tun.
Du bist offensichtlich nicht der Verursacher.
Es sind die Anderen.
Oder die Gesamtsituation im Kontext der Gesellschaft,
Politik und Kirche.
Was willst du da schon als Einzelner ausrichten?
Bisher hast du dich selbst als chancenlos erklärt
in Anbetracht des Großen und Ganzen,
das dich mit Regeln auszubremsen sucht
und dir mit angeblich vernünftigen Argumenten weismachen möchte,
dass eine Veränderung ohnehin nicht möglich sei.
Und alleine schon gar nicht.
Aus erwähnten Gründen und vielen anderen mehr.

Dich gemütlich einzurichten in irgendwelchen Ausflüchten,
scheint dir jetzt aber keine Option mehr zu sein,
weil da ein klitzekleiner Moment
alles Dagewesene, Bedeutsame, Vernünftige,
auf den Kopf stellt.

Was bisher unverzichtbar war für dein persönliches Glück,
ist plötzlich nicht mehr erstrebenswert.
Was dir gestern noch Sicherheit versprach für dein Morgen,
begreifst du heute und jetzt als Irreführung.

Aller guten Ratschläge zum Trotz,
lässt du dich leiten von dieser neuen Erkenntnis,
um dich auf eine neue Erfahrung einzulassen.
Du riskierst etwas.
Du weißt, dass es Zeit ist für Veränderung.
Du spürst, der Mittelpunkt der Welt bist nicht du selbst,
sondern du gemeinsam mit anderen,
die plötzlich eine Rolle spielen in deinem Leben.
Alle Menschen überall und zu jeder Zeit sind die Mitte der Welt.

Du bist so wichtig, wie du andere Menschen wichtig nimmst.
Du bist so bedeutungsvoll, wie du der Welt mit all ihrer Schönheit
und ihrer Vielfalt Bedeutung gibst.
Und aus dieser Einsicht entwickelst du den Mut und die Kraft
dein Leben neu zu sortieren.

Richtig: Die Welt wirst du alleine nicht retten.
Aber es geht darum,
überhaupt etwas zu tun,
was die Welt um dich herum lebens- und liebenswerter macht.
Das könnte auch ansteckend wirken.

Und wenn es dir so ergeht,
dann sind wir schon zu zweit.

Wunsch und Wirklichkeit

Die Situation empfand ich als unerträglich.
Das Unrecht schrie mit lauter Stimme, unüberhörbar:
Hilfe! Ist da niemand?

Wenn ich mir je eine Hölle bildlich hätte vorstellen wollen,
dann hätte meine Phantasie wohl nicht ausgereicht,
derartige Bilder zu produzieren.

Verprügelte Kinder.
Frierende Kinder.
Stinkende Kinder.
Hungrige Kinder.
Verlassene Kinder.
Verstoßene Kinder.
Benutzte Kinder.
Misshandelte Kinder.

Schuldzuweisungen sind schnell gemacht.
Aber Schuld trugen nicht nur jene,
die unmittelbar genau ebendiese auf sich luden
durch ihr ausbeuterisches Handeln,
ihren gewalttätigen Gelüsten,
und korrupten Ansprüchen.
Schuld luden auch die auf sich, die nicht sehen
und vor allem nichts von den Vorfällen wissen wollten.
Ja, die sogar leugneten, was eigentlich nicht zu leugnen war.

Unwissenheit schützt nicht vor Mitverantwortung.
Wer wissen will, kann wissen.
Das war schon immer so – und wird so bleiben.

Ich klopfte an viele Türen, die verschlossen blieben.
So mancher Weg der Hoffnung führte ins Nichts.
Meine Worte fanden oft kein Gehör.

Denen, die mir wichtig wurden,
draußen auf der Straße,
sprach ich Mut zu, es könne bald schon besser werden.
Doch ich wusste nicht mal wie …

Denen, die mir hätten helfen können,
in ihren bequemen Wirklichkeiten,
erzählte ich etwas von Aussicht auf „Erfolg".
Denn genau dieses Wort wollten sie hören.
Und sie forderten die „Garantie",
dass mögliche finanzielle Hilfen nicht verloren gingen.

„Erfolg" konnte ich nicht versprechen,
denn ich hatte keine Ahnung – und das hat sich
bis heute nicht geändert –,
was „Erfolg" eigentlich bedeutet,
wenn es um die Hilfe für Menschen geht.
Und wie dieser Erfolg zu messen ist.

„Garantien" konnte ich keine bieten, aber ich war mir sicher:
das Wenigste was wir hätten verlieren können, wäre Geld.
Doch aus Angst vor Verlust untätig zu bleiben, hätte bedeutet,
von vornherein eine bessere Zukunft für Menschen zu verlieren.
Wer nicht wagt, hat eben schon verloren.

Es war wie ein Kampf gegen die Windmühlen.
Vieles schien sich gegen mich und meiner Idee
– ein Haus für die von Gott und der Welt Verlassenen –
entschieden zu haben.
Nicht, weil ich kein Vertrauen genoss,
sondern weil scheinbar Unmögliches einfach nicht denkbar war.

Währenddessen produzierte die Wirklichkeit weiter
ihre grausamen Bilder von verprügelten, frierenden, stinkenden
und – im wahrsten Sinne des Wortes – verlassenen Kindern.

Ja, die Hölle sind oft die Anderen.

Und wie ich schließlich erfahren durfte:
Der Himmel aber auch!

RÜCKSCHLÄGE AUSHALTEN

Geduld

Endlich ein Zuhause.
Das war sicherlich ein Grundgefühl,
das die Straßenkinder empfanden,
als wir die alte Hausruine bezogen hatten.
Es fehlte so viel:
Fußböden, Fenster, Türen, Toiletten, Duschen,
ja überhaupt, Wasser.
Strom und damit Licht war nicht vorhanden.
Es fehlte an allem.

Und doch:
Die Ruine war allemal besser als die Tage und Nächte
auf den Plätzen und in den Straßen der Stadt.
Abstand zu den Drogenhändlern und korrupten Polizisten.
Weit weg von schimpfenden Geschäftsinhabern
und ängstlichen Passanten.
Auf Distanz vor gewalttätigen Personen
aus dem Straßen- und Drogenmilieu.

Keine Notwendigkeit mehr,
Essbares aus dem Müll zu fischen,
Passanten und Gäste in den Restaurants
um Essensreste anzubetteln.
Keinen Grund mehr,
das Geld, im wahrsten Sinne des Wortes,
aus den Taschen anderer Leute zu ziehen
oder kleine, feine Portionen an Kokain oder Kokainsulfat
unter Aufsicht hemmungsloser Drogendealer
als Drogenkurier unter teils gefährlichen Umständen
an den Kunden zu bringen.

Das scheinbar unendliche Glück zu haben,
in Sicherheit schlafen zu können
– wenn auch auf dem harten Boden
des restaurierungsbedürftigen Hauses –
ohne die Angst davor,
von jemanden belästigt oder bedroht zu werden,
so wie es oft auf der Straße geschieht.

Ist Ihnen etwas aufgefallen?

Das alles hört sich schon beinahe paradiesisch an.
Als Mensch nicht hilflos ausgeliefert zu sein,
nicht wie ein Gegenstand benutzt zu werden,
beim richtigen Namen genannt zu werden,
am Geburtstag gefeiert zu werden,
bei Bedarf einen Arzt aufsuchen zu können,
zu essen, ohne dafür stehlen zu müssen.
Ja, das hört sich tatsächlich paradiesisch an.
Dabei ist es doch das Mindeste,
was jeder Mensch auf unserer Erde
wie selbstverständlich haben sollte.

Jetzt verstanden, was ich meine?

Ich verkaufe Ihnen Selbstverständlichkeiten
als etwas Besonderes, etwas Außergewöhnliches.
Unglaublich, nicht wahr?

Und dabei war da nichts selbstverständlich.
Es war ein hartes Mühen,
um überhaupt einen greifbaren Erfolg zu sehen.

Ja, es war tatsächlich ein Kampf, um Erreichtes dauerhaft zu bewahren.
Es forderte hohen Einsatz, die Situation zu verbessern.
So etwas konnte nur gelingen,
wenn alle in die gleiche Richtung ziehen.

Doch wer seine Kindheit großteils auf der Straße verbrachte,
sein Dasein ohne regelmäßigen Tagesablauf fristete,
stets dazu bereit war, anstehende Probleme auch mit Gewalt zu lösen,
tut sich schwer, in Gemeinschaft zu leben.

So kam es vor, dass in einigen wenigen Fällen
sich 9- oder 10-jährige Kinder dafür entschieden,
doch lieber in die Straße zurück zu gehen.
Denn dort konnten sie betteln
und hatten auf diese Weise schnelles Geld.
Kaum jemand, den bettelnde Kinder kalt lassen.
So sind die Einnahmen der Kinder gesichert.
Und zur Not gibt es soziale Einrichtungen,
die bei Bedarf für ein geringes Entgelt einen Schlafplatz bieten.

Auf der Straße ist es möglich,
sich bei Problemen aus dem Weg zu gehen.
Zumindest für eine bestimmte Zeit.
Im Haus dagegen, musste miteinander gesprochen,
gemeinsam eine Lösung gefunden werden,
um Konflikte zu vermeiden oder zu lösen.
Nicht einfach.
Es setzte Kommunikation voraus,
die Fähigkeit zur Selbstkritik und Einsicht
sowie die Bereitschaft zu Verzeihen oder um Entschuldigung zu bitten.

Und unter Umständen erforderte es auch die Gabe,
sich etwas entgehen lassen zu können,
um Streit zu de-eskalieren und gemeinsam neu zu beginnen.

Überzeugung zu leisten, braucht Geduld.
Es sind Kinder, um die es geht.
Es sind Erwachsene, die deren Misere zu verantworten haben.
Nicht nur die eigenen Eltern,
sondern auch jene, die Hilfe bieten könnten
und es nicht tun.
Wenn es um Hilfe geht, geht es ums Geld.
Wenn es ums Geld geht, geht es um Effizienz,
die Verhältnismäßigkeit von Kosten und Nutzen,
die Berechnung von Wahrscheinlichkeiten sowieso.

In dieser Zeit der Analyse und des Erstellens von Expertisen
geht nicht nur das Geld für die Bezahlung der Experten drauf,
sondern auch die Kinder vor die Hunde.
Aus benachteiligten Kindern werden benachteiligte Erwachsene,
die als Versager bezeichnet werden und als Vagabunden enden.

Die Geduld im Umgang mit Menschen lohnt sich immer.
Rückschläge sind Teil des Einsatzes.

Sich aber hinter Statistiken und Analysen zu verstecken
ist eindeutig ein kollektives Versagen
– nicht nur in Bezug auf Straßenkinder.

Tod eines Hurensohns

Ich hatte es geahnt und doch die falsche Entscheidung getroffen.
Er wollte endlich seine Mutter treffen.
Und nicht nur das:
Er wollte sie kennenlernen, ihr erzählen,
dass er auf einem guten Wege sei.
Dass er endlich die Abendschule besuchen werde,
um Verpasstes nachzuholen
und einen Abschluss in der Tasche zu haben.
Dann würde er einen Beruf erlernen oder studieren,
um Gott und der Welt zu zeigen: ich habe es geschafft!

Die Mutter sollte die erste sein, die erfährt,
was aus ihrem Fleisch und Blut geworden ist.
Ein junger, lebensfroher und stolzer Mann von 16,
der nach langen Jahren in der Gosse
den Absprung schaffte.
Nicht nur, weil er endlich eine Gelegenheit hatte,
auf die er so lange gewartet hatte,
sondern weil er mit all seiner Kraft diese Chance ernsthaft nutzen wollte.
Ganz so, als würde das Leben ihm sonst nie mehr wieder gnädig sein
und ihm möglicherweise all das erneut zumuten,
was er jetzt zu überwinden glaubte:
von Abfällen essen zu müssen,
in den Gefängniszellen gepeinigt zu werden,
das schmerzhafte Jagen nach Drogen,
die den eigenen armseligen Zustand
vermeintlich zu vergessen helfen.

Die Mutter sollte die erste sein,
die von seinem neuen Anlauf erfahren sollte,
auch wenn sie sich ein Leben lang nicht um ihn gekümmert hatte.
Weiß Gott warum.

War ihre Lage so miserabel,
dass sie ihr eigenes Kind nicht hätte ernähren können?
Wollte ihr neuer Partner das Kind aus der früheren Beziehung
nicht im Hause haben?
Oder war sie überfordert mit allem?
War sie gar schon tot?

Er wollte es wissen, sprach mich eines Tages an.
Drei Jahre alt muss er wohl gewesen sein, also sind es 13 Jahre her,
dass er seine Mutter das letzte Mal sah.
Es wäre Zeit, sie ausfindig zu machen,
sie zu treffen, sie zu umarmen und zu küssen und ihr zu sagen:
Mutter! Meine Mutter!

Eine Mutter ist doch immer Mutter, nicht wahr?
Das geht doch gar nicht anders!
Und das Kind ist doch immer das Kind, nicht wahr?
Das kann gar nicht anders sein!

Wir haben Unterlagen gewälzt, wir haben recherchiert
und haben es tatsächlich geschafft, sie ausfindig zu machen.
Sie lebte!
Und sie wohnte nicht sehr weit entfernt!
In etwa zwei Stunden mit dem Überlandbus war sie zu erreichen.
Was für ein Glück!
Was für eine Freude!
Überschwängliche Erwartung und kaum Geduld,
die Mutter, die eigene Mutter, schon bald zu treffen,
sie in die Arme zu schließen und sich von ihr fest drücken zu lassen.

Ihr zu erzählen, was in all den langen Jahren geschehen war
und was in naher Zukunft auf ihn wartete,
was das Leben trotz Niederlagen zu geben bereit ist,
wenn, ja, wenn man sich bewegt,
sich müht und im richtigen Moment
die richtigen Menschen trifft,
zum richtigen Zeitpunkt die Chance ergreift
und nicht müde wird,
das zu tun, was zu tun ist,
um einem besseren Leben Gestalt zu geben.

Und dann tausende Fragen stellen
an die so lange verschollene Mutter:
Wer ist mein Vater und was ist mit ihm?
Habe ich Geschwister und Großeltern?
Wer macht was und wer ist wo?
War ich ein anstrengendes Kind,
das nachts nicht schlief?
War ich ein süßes Baby?
Ach, so viele Fragen …

Wir haben sie informieren können,
dass ihr Sohn sie besuchen wolle.
Verhaltenes Einverständnis zum Treffen.
Zweifelsfrei für die Mutter alles andere als leicht.

Plötzlich verging die Zeit so langsam.
Drei Wochen bis zum Schulanfang an der Abendschule,
auf die er sich so lange vorbereitete.
Die Spannung war groß, die Vorfreude ebenso.

Noch eine Woche bis zum Treffen mit der Mutter.
Schnell noch eine neue Hose und ein neues Hemd kaufen.
Und ein kleines Geschenk für sie.
Tage und Stunden zählen,
ja fast schon jede Minute.
Die Zeit lässt sich ganz schön viel Zeit,
wenn man wartet.

Am Tag vor dem großen Tag
fragte ich, ob er alleine gehen wolle.
Ja, klar! Das schaffe ich!
Und ich freu' mich so!
Bin schon ganz gespannt,
ob wir uns ähnlich sehen,
die Augen und so …

Die letzte Nacht konnte er kaum schlafen,
das war auch nicht anders zu erwarten.
Am Morgen war der gewöhnliche Morgenmuffel
schon als erster wach.
Duschen und sich herausputzen
so gut es eben geht.
Die Entscheidung, am Tag zuvor
noch zum Friseur zu gehen,
war sicherlich zum Vorteil
des stolzen, jungen Mannes
– oder besser, des stolzen, jugendlichen Sohnes.
Ja, tatsächlich, heute Morgen wird er das Haus verlassen,
um am Abend als Sohn zurück zu kommen.
Das fühlt sich gut an.

Nein, ich nehme keine Brotzeit mit, höre ich ihn antworten.
Mutter hat sicherlich etwas gekocht, zur Feier des Tages!
Wir werden unser Wiedersehen feiern!Ach, wäre ich schon dort!
Kaum gesagt, war er schon unterwegs zum Bus.

Im Laufe des Tages war ich gedanklich bei dem Mutter-Sohn-Treffen
und wie sich die beiden dabei fühlten.
Die Erwartungen des Sohnes waren hoch – trotz meiner Versuche,
diese etwas zu bremsen.

Am Abend war er früher zuhause als gedacht.
Fast schon schleichend kam er ins Haus
und verzog sich wortlos in sein Zimmer.
Eine Weile und zahlreiche Gedanken später,
klopfte ich leise an, öffnete die Zimmertür
und hörte ein leichtes Schluchzen und Weinen.
Er versuchte nicht, es zu verbergen.
Es war kein trauriges Weinen,
sondern vielmehr ein enttäuschtes, ein verärgertes,
und gleichzeitig ein zutiefst verletztes Weinen.

Noch ehe ich fragen konnte, hörte ich ihn sagen:
Hurensohn! Hurensohn!
Sie schrie mich plötzlich an und fragte,
was ich denn auf einmal von ihr wolle,
nach all den Jahren.
Sie schimpfte mich einen Hurensohn,
den sie niemals mehr sehen wolle.
Wir hätten nichts gemein, schon gar nicht das Leben.

Nach einer Weile wurde er ruhiger und schlief ein.

Was hat die Frau wohl so kaputt gemacht,
dass sie ihren eigenen Sohn,
bei einem ersten Wiedersehen nach Jahren,
so sehr beschimpft, beleidigt und demütigt?

Und selbst dann, wenn er ein Hurensohn wäre,
wer, wenn nicht die Mutter, müsste das wissen,
also, selbst dann, wenn er ein Hurensohn wäre,
so wäre er doch ebenso liebenswert wie jeder andere Mensch auch.

In den Tagen danach, war es zu spüren,
wie sehr diese Begegnung ihm zugesetzt hatte.
Aber er sah das nächste Ziel vor Augen,
den ersten Schultag an der Abendschule.
Das gab ihm Energie, Ausdauer und Kraft.
Es war eben ein Etappenziel
auf dem Weg zur Verwirklichung seiner Träume.
Daran hielt er fest. Trotz allem.

Wenige Tage vor Unterrichtsbeginn
sprach er von körperlichen Beschwerden,
die ihn seit zwei oder drei Wochen plagten.
Er sagte es zu spät. Die Infektion war nicht mehr zu stoppen.
Am ersten Schultag starb er
wenige Stunden vor Schulbeginn in meinen Armen.

Und ich frage mich, warum er, bei aller Tragik seines frühen Todes,
zwei Wochen vorher auch noch diese Begegnung
so bitter erleben musste?
Von den zerschmetterten Träumen ganz zu schweigen.
Tief im Innern verletzt ist er gestorben.

Monstermutter

Das ganze Wochenende über
kam er kaum mehr aus seinem Zimmer.
Auch essen wollte er nicht.
Auf Spielen hatte er keine Lust.
Er wirkte niedergeschlagen.
Nein, erkrankt war er nicht.

Mit seinen zehn Jahren
war er eigentlich ein lebensfroher Junge.
In den drei Jahren,
seit er bei uns wohnte,
hatte sich viel für ihn verändert:
er hatte ein geregeltes Leben
und endlich durfte er in der Schule lernen.
Er gewann Abstand zu den Drogen,
die ihn früher auf der Straße
Hunger und Kälte hatten vergessen lassen.
Und ihm dabei sehr zugesetzt hatten.
Die Gewalt der Straße war ebenso weit weg
wie die Gewalt des immer besoffen Stiefvaters.
Die Narben auf seinem Körper erzählten Geschichten.

Gerade im Wissen um all die Zumutungen,
die er hatte ertragen müssen,
war es jeden Tag aufs Neue wie ein kleines Wunder,
die Fortschritte zu sehen, die er machte:
Trotz seiner anfänglichen Scheu,
öffnete er sich neuen Freundschaften.
Wortkarg wie er anfänglich gewesen war,
erstaunte jetzt seine Leidenschaft, Geschichten zu erzählen.

Das Leben hatte es dann doch noch gut mit ihm gemeint.
Die Fröhlichkeit, die Offenheit, die Hilfsbereitschaft,
die ungebändigte Neugierde,
all das zeigte, dass die verletzte Seele zu heilen begann.
Es schien, als ob ein Pflänzchen, dem das Vertrocknen gedroht hatte,
im letzten Moment genügend Wassertropfen aufsaugen konnte,
um neu zu erblühen.
Was hätte es Schöneres geben können, als das miterleben zu dürfen?

Wieder verzog er sich in sein Zimmer,
ohne etwas zu sagen.
In Sorge suchte ich ihn dort auf.
Er lag auf seinem Bett.
Verschlossene Augen und schneller Atem.

Sag, was ist los mit dir?
Schweigen.

Ist etwas passiert, das ich wissen sollte?
Schweigen.

Ich war schon fast am Gehen,
da brach er in Tränen aus
und kramte unter seiner Matratze
verschiedene Zeitungen der letzten Tage hervor.
Mit großen Lettern war da geschrieben:
Monstermutter tötete ihre Kinder.
Bestie ertränkte ihre Zwillinge.

Schlimm, ich hatte davon gelesen.
Die Mutter hatte ihre beiden Babies getötet, aus Angst,
ihre Kinder würden in der Armut ebenso leiden,
wie sie selbst ihr Leben lang hatte leiden müssen.
Tragisch und erschütternd zugleich.
Es spricht Bände über die Welt, in der wir leben.
Und solche Fälle könnten sich jederzeit wiederholen.

Warum geht dir das so nahe,
wollte ich wissen.

Meine kleine Schwester starb auch als Baby.
Meine Mutter behauptete,
sie sei krank gewesen …

Eine wichtige Erkenntnis

Manchmal bin ich mit mir selbst verabredet.
Dann ziehen an mir die Dinge vorbei, die mir wichtig sind.
Das ist nicht frei von Zweifeln,
weil ich oft genug weit entfernt bin
von meinen eigenen Ansprüchen.
Vieles ist leichter gesagt als getan.
Wer kennt das nicht?
Mal fehlt die Geduld, wenn genau diese gefragt ist.
Dann fehlt die Kraft, sich wieder aufzuraffen.
Im entscheidenden Moment fehlt die Bereitschaft zur Einsicht.
Die Liste ist lang und wird länger.

So oft habe ich mich gegen alles Mögliche gestellt:
Gegen Ungerechtigkeit.
Gegen Gleichgültigkeit.
Gegen die Macht der Arroganten.
Gegen die Armut und ihre Ursachen.
Und gegen viele Dinge mehr.
Das kostet unendlich Energie.

Inzwischen habe ich gelernt,
dass es Sinn macht, statt einfach nur „gegen" etwas zu sein,
genauer hinzusehen, was möglich ist, um etwas zu bewirken.

Wenn etwas auf mich zukommt,
dann stemme ich ich mich nicht energiezehrend dagegen.
Vielmehr gehe ich einen Schritt zur Seite,
lasse die Bedrohung gegen die Wand klatschen,
so dass sie zerschellt.
Dann sehe ich in den Splittern auf dem Boden nach,
was noch brauchbar ist
und mache das Beste draus.

Zukunft Glauben

Sein

Meine Fähigkeiten. Meine Talente.
Meine Stärken. Meine Schwächen.
Sein wie ich bin.
Freude daran haben, mich auszuprobieren.
Meinen Weg gehen, gelegentlich einen Umweg in Kauf nehmen
und mal eine Pause einlegen,
weil ich die Steigung nicht auf Anhieb schaffe.
Aber aufgeben, den Weg verlassen. Niemals!

Wer will mir ernsthaft erklären,
auch ich sei nur eine Puppe im großen Spiel des Lebens,
dass ich an Fäden hänge, die mich nicht halten, sondern lenken?
Alleine die Vorstellung, es könnte so sein,
hielt ich schon immer für erniedrigend.

Niemand von uns wurde geboren,
um ein Nichts unter Millionen zu sein.
Nur eine Nummer, ein gesichts- und charakterloses Wesen
und somit eine armselige Kreatur, ein funktionierendes Etwas,
ein austauschbares Rädchen im Getriebe.

Ich teile den Glauben nicht,
dass ich oder jemand sonst auf dieser Welt
schlichtweg eine „Null" sei, ein Niemand,
der trotz seiner Existenz einfach nicht zähle.
Und ich glaube schon gar nicht,
das nur Ausgewählte eine „Eins",
also die „Ersten unter den Menschen" sind,
weil sie in die vermeintlich richtige Familie,
das vermeintlich richtige Land, die korrekte Nation
oder die vermeintlich richtige Religion geboren wurden.

Wir Menschen, mit unseren ganz persönlichen Gaben,
unserem Humor, unseren Hoffnungen, unseren Träumen,
die dann und wann auch platzen, um neuen Träumen Raum zu geben,
wir Menschen sind mehr als Ziffern und Zahlen.
Und ja, es gibt da so viel zwischen „Null" und „Eins",
dass eine einfache Zuordnung schlichtweg
nicht mehr als ein Ausdruck von Arroganz ist.
Und Arroganz wiederum ist Ausdruck von Dummheit.

Wir sind keine Marionetten!
Der Gleichschritt ist nicht unser Rhythmus.
Den Takt schlägt unser Herz.
Unser Herz gibt unserem Verstand
gelegentlich einen Rat wie diesen:
Hab' Mut! Zerschneide die Fäden!
Bewege dich frei. Trau dich!
Werde der, der du bist.

Fragen über Fragen

Eine der großen Herausforderungen des Lebens
ist die Beantwortung von Fragen.
Es soll angeblich keine dummen Fragen geben,
aber dies bezweifle ich.
Denn dumme Fragen sind für mich solche,
die entweder der Fragesteller für sich selbst schon längst beantwortet hat
– und der von seiner eigenen Antwort überzeugt ist –
oder aber die Frage dient im Grunde der Entlastung des Fragestellers.

Eine Frage wie diese:
„Ist dieser so bewundernswerte Einsatz Ihrerseits
nicht vor allem Ihr ganz persönlicher, individueller Weg?"
Dazu meine Antwort:
Jeder Lebensweg ist ein individueller.
Das macht eine selbstständige Persönlichkeit aus.
Aber nein, mein Einsatz für Benachteiligte
ist nicht mein persönliches Privileg.
Jeder Mensch hat die Möglichkeit, sich für Andere einzusetzen.
Man muss es nur wollen.
Engagierte Menschen in den Himmel zu loben,
um im Anschluss zu behaupten,
das sei deren ganz persönlicher Weg,
jedoch sei der eigene Lebensentwurf ein anderer.
Das ist eine elegante Art, sich herauszureden.
Mitfühlend und zugleich außen vor zu sein.

Es gibt Hilfsbedürftige in der Nachbarschaft und Menschen,
die bei uns Zuflucht suchen.
Aber auch Freunde und Familie geraten schnell mal in Not.
Es braucht kein persönliches Privileg,
um dann die helfende Hand auszustrecken.
Niemand muss dafür nach Afrika oder Lateinamerika reisen.

Allerdings, so scheint es, ist es manchmal leichter fünf Euro zu geben,
als fünf Minuten Zeit zu teilen.

Und schon bin ich bei einer weiteren der oft gestellten Fragen:
„Ist das nicht alles ein Tropfen auf dem heißen Stein?"
Mit dieser Frage tu ich mir ebenso schwer
wie mit einer Antwort wie dieser:
„Steter Tropfen höhlt den Stein."
Oder:
„Aus vielen Millionen Tropfen wird auch ein Meer."

Mag es auch aussichtslos sein, auf eine friedliche
und miteinander teilende Welt zu hoffen,
so macht es eben doch Sinn, zu tun, was zu tun ist,
um unseren Planeten nicht ganz und gar in den Ruin zu treiben.
Wer nach dem Tropfen auf dem heißen Stein fragt,
glaubt nicht an den Sinn von Solidarität und gerechtem Miteinander.
Oder will einfach nicht teilen.
Meine Antwort auf eine solche Frage kann eigentlich nur sein:
Der Tropfen bist du selbst!
Tu was – oder lass es.

Eine Frage, die wohl im Kern gar keine ist, folgt nun:
„Können Sie überhaupt allen Kindern helfen?"
Dazu habe ich eine klare Antwort: NEIN!
Nein, ich kann nicht allen Kindern helfen!
Würde ich allen Kindern in Bolivien helfen,
dann gäbe es weiterhin die unzähligen hilfsbedürftigen Kinder
in Brasilien, Peru, Ecuador.
Würde ich ALLEN Kindern in ganz Lateinamerika
in ihrer Not zur Seite stehen,
dann gäbe es noch hungernde Kinder in Afrika und Asien.

Nein, ich kann nicht allen Kindern dieser Welt helfen.
Ich bin nicht der Erlöser der Not leidenden Kinder in aller Welt.
Da muss ich enttäuschen.
Erinnert Ihr Euch an den, den sie Messias nannten?
Was hat Er gemacht?
Er machte einen Tauben wieder hörend,
einen Blinden wieder sehend,
einen Lahmen wieder gehend,
einen Stummen wieder redend,
einen Toten wieder lebendig.
Das sind fünf, nicht wahr?
Fünf!
Bei den inzwischen tausenden von Kindern und ihren Familien,
denen ich und meine Helfer Wege aus der Not bereiten,
bin ich im Vergleich zu diesen fünf Geheilten doch ganz gut im Schnitt.

Es geht nicht darum,
dass ich oder sonst wer alle anstehenden Probleme löst.
So gerne ich dies auch täte.
Vielmehr geht es darum,
das Machbare zu tun
und somit Hoffnung zu geben.
Im Idealfall wirkt es ansteckend auf andere,
selbst etwas in die Hand zu nehmen – auf dass es weitere Kreise zieht.

„Wollten Sie schonmal alles hinwerfen?"
Nein.

„Machten Sie Fehler?"
Ja!

„Wie lange werden Sie leben?"
Keine Ahnung. Ich werde sicherlich nicht mit Begeisterung abtreten.
Aber hoffentlich zufrieden.

„Das Wetter heute in zwei Wochen?"
–

Nicht auf alle Fragen habe ich eine Antwort.
Bin aber weiterhin auf der Suche …

Mit körperlichem Einsatz

In diesem Viertel der Stadt São Paulo
scheint die Urbanität außer Kontrolle geraten zu sein.
Zumindest ist dies mein erster Eindruck.
Aber bei näherem Kennenlernen verstehe ich:
Es ist ein funktionierendes System
und nichts und niemand ist sich selbst überlassen.
Die Regeln des Spiels sind klar.

Schmuddelig ist noch sehr gelinde formuliert.
Vielmehr ist es eine dreckige Gegend
voller Kotze am Straßenrand.
Herumliegende, benutzte Kondome in dunkleren Ecken.
Menschen, die sich feilbieten,
Frauen, Transsexuelle,
Kinder und Jugendliche.

Es überrascht nicht,
dass die Einwohner der Stadt
diese gar nicht so kleine Welt innerhalb der Metropole
„boca de lixo" nennen.
„Müllmaul".
Es wird alles hineingestopft
in das ekelhaft triefende und stinkende Maul.
Dann hinuntergewürgt,
gierig als gäbe es nur das Jetzt,
um schließlich alles wieder auszuspeien,
was nicht den Geschmack trifft
oder durch langes Kauen den Geschmack verliert.

Hier reduziert sich der Mensch auf Lust.
Nein, nicht auf Lust, er reduziert sich auf seinen Instinkt!
Er erscheint so mickrig als Person
und armselig in seinem Buhlen
um die körperliche Befriedigung.
Der Mensch ist bereit,
den anderen zu konsumieren
und nach Gebrauch wegzuwerfen.
Eine Facette des Lebens, die befremdlich wirken mag,
aber sie ist Realität.
Und nur weil es ein Tabu ist,
darf es doch nicht weggelogen werden.

Ich laufe eine der Straßen entlang.
Dicht an dicht drängen sich Menschen aneinander vorbei.
Vermeintlich unbeabsichtigt
streifen sich Körper im Vorbeigehen,
berühren Hände einander,
stets auf der Jagd nach diesem einen Moment,
der schwitzend, erhitzt und hemmungslos
der oft stundenlangen Suche ein Ende bereitet.

Das Angebot ist da, weil die Nachfrage unersättlich scheint.
Der Heißhunger des Müllmauls will Nacht für Nacht gesättigt werden.

Am Straßenrand sehe ich einen Jungen sitzen,
weitab von jenen, die sich in Pose um Freier mühen.
Ich setze mich neben ihn,
es stört ihn nicht, im Gegenteil.
Er grüßt.
Ich grüße zurück und nenne meinen Namen.

Klar, unser Gespräch beginnt belanglos
bis endlich der Junge erzählt,
dass er 17 Jahre alt sei
und aus dem ärmlichen Nordostens Brasiliens komme.

Ich erfahre, dass sie nun zwei Monate hier sind,
er mit der Mutter und drei jüngeren Geschwistern.
Das erhoffte Glück in dem wohlhabenden São Paulo
haben sie indes noch nicht gefunden:
Arbeit, Schule, Ausbildung, Wohnung.
Nichts.

Wir reden lange.
Von Träumen, die man sich bewahren sollte,
von Menschen, die uns wichtig sind
und von Wünschen, die wahrscheinlich unerfüllt bleiben werden.
Von seinem Vater, den er nie kennenlernte,
und von der Bewunderung für seine Mutter,
weil sie sich nicht unterkriegen lässt.
Und wie sehr sie sich müht um das Wohl ihrer Kinder.

Genau deshalb ist er ab und an hier.
Das Geld für seine Körperdienste können sie gut gebrauchen.
Seiner Mutter erzählt er von Gelegenheitsjobs.
Irgendwie ist es ja auch wahr, sagt er mit einem unsicherem Lächeln.
Noch mehr Kohle könne man verdienen,
so sagt er,
in den Hinterzimmern einiger Bars und Diskotheken.
Er geht davon aus, dass ich weiß, wovon er redet.

Tatsächlich, ich weiß es.
Ein düsterer Moment in São Paulo,
noch gar nicht so lange zurück.

Wir suchten einen Jungen, der uns von der Straße bekannt war.
Seit Tagen hatten wir den Kontakt verloren.
Fündig wurden wir dann im Hinterzimmer einer Bar.
Auf einem Podest in Tischhöhe,
etwa dreieinhalb Meter auf dreieinhalb Meter,
waren zwei Jungen nackt.
Einer von beiden war der 14-Jährige,
den wir suchten.
Gegenseitig mussten sie sich befriedigen,
in allen nur denkbaren Varianten,
währenddessen betatscht von den anwesenden zahlenden Gästen;
bestens gekleidete Männer,
die sauberstes Portugiesisch, Englisch,
Deutsch und Schwyzerdütsch sprachen.
Geschäftsleute, denen weit weg von der der Heimat,
von Frauen und Kindern entfernt,
besondere Abende geboten werden.
Ein Service, der Zuhause niemals möglich wäre.
Gute Laune für noch bessere Geschäftsabschlüsse.
Hauptsache die Unternehmensethik ist soweit sauber,
glänzt mit Corporate Social Responsibility.

Ich weiß also, wovon er redet, habe es gesehen
– und durfte bei meinen Vorträgen lange Zeit nicht darüber sprechen;
denn es könnte Zuhörer vor den Kopf stoßen.
Aber das ist eine andere Geschichte.

Immer wieder werden wir von Passanten,
die vorbei schlendern, mit Bemerkungen belästigt.
Es verunsichert uns nicht.
Wissen wir doch, wo wir uns befinden.

Nach mehr als einer Stunde
drücke ich ihm 20 Reales in die Hand,
mit der Empfehlung, sich etwas zu Essen zu kaufen
und dann zu Mutter und Geschwistern zu gehen.
Ich hege die Hoffnung,
dass das Müllmaul ihn nicht vollends verschlingt.

Noch bevor ich mich verabschiede,
stellt er mir zwei Fragen, die wie eine einzige klingen:
Kann ich dir noch etwas Gutes tun?
Soll ich dir einen blasen?

Das hat er also schnell in São Paulo gelernt:
nichts im Leben scheint umsonst zu sein,
es geht immer um das Geben und Nehmen,
Bezahlen und Einfordern.
In seiner Situation ist es unvorstellbar,
dass jemand einfach nur mit ihm plaudert,
sich für ihn interessiert und Hilfe anbietet.

Ich winke ab und antworte:
Nein, lass mal gut sein!

Große Augen sehen mich an. Unübersehbar leuchtet
eine freudige Überraschung in seinem Gesicht auf,
um mir dann zu sagen:
Ich habe heute einen Menschen mit Charakter getroffen.
Maravilhoso! Wunderbar!

Ein Klick und seine Folgen

Ich bin lange vor meinem Computer gesessen.
Habe nur wenige Sätze geschrieben
und mir ist bewusst,
dass sie dennoch existenzielle Konsequenzen nach sich ziehen werden.
Es fehlt nur noch ein Klick.

Ich lehne mich in meinem Schreibtischstuhl zurück.
Ich stehe auf und laufe im Zimmer herum.
Setze mich wieder,
nur um kurz danach wieder aufzustehen.
Ich laufe mit meinen Hunden durch den Garten.
Immer im Blick: die Schule.
Von mir vor vielen Jahren gegründet.
Stolz steht sie da mit mehreren Gebäudekomplexen,
die nicht sofort an eine Lehranstalt erinnern.

Hier wird gerne gelehrt und gelernt.
Die Schule ist für uns wie ein zweites Zuhause,
sagen die Schülerinnen und Schüler.
Wir werden hier mit unserem Engagement ernstgenommen,
sagen die Lehrkräfte.
Unsere Kinder werden bestens gefördert,
sagen die Eltern.

Im wahrsten und besten Sinne des Wortes
wuchs und reifte hier über Jahrzehnte
eine große Schulfamilie.
Lebendiges Treiben, über den Unterricht hinaus:
Es wird gemeinsam musiziert, getanzt, gefilmt und Theater gespielt.
Rege Teilnahme an angebotenen Kursen und Vorträgen
sowie zahlreiche Besucher unserer Konzerte und Kulturnächte.
Es gibt immer einen Anlass, die Zeit miteinander zu verbringen.

Eltern teilen das was sie haben
mit jenen, die weniger haben,
helfen einander, wann immer es nötig ist.

Die Menschen erfahren,
dass zahlreiche Ziele besser gemeinsam zu erreichen sind.
Das geht nicht immer problemlos,
weil jeder Mensch verschieden ist.
Das macht unser Miteinander so spannend!
Es ist der gegenseitige Respekt,
der uns dann doch alles bewältigen lässt.
Jeden Tag aufs Neue.

Zurück am Schreibtisch sitze ich
an einer der schwierigsten Entscheidungen,
die ich je zu treffen hatte.
Niemand weit und breit,
der mir jetzt sagen könnte, wie zu entscheiden ist.
Das Gewicht der Verantwortung
drückt mich in diesem Augenblick nieder,
macht jede meiner Bewegungen zu einem Kraftakt,
und jeden Gedanken zu einer besonderen Herausforderung.
Die Vernunft sagt mir dies, das Herz sagt mir jenes,
das Gewissen appelliert an mich.
Ich fühle mich nicht einsam, nicht verlassen,
aber doch alleine in diesem Moment.

Mit nur einem Klick
werden die Worte auf unserer Seite im Internet gepostet
und öffentlich zu lesen sein:

„Ich habe die schwierige Entscheidung getroffen,
unsere Schule zu schließen.
Die Entscheidung ist dem politischen Kontext geschuldet,
in dem wir leben und arbeiten."

In einem Land, das von seinen Machthabern umgebaut wird,
in einen Staat, der sich von einem Rechtsstaat immer weiter entfernt,
der alles ideologisiert und die Ideologie machtvoll durchsetzt,
und die schulische Ausbildung instrumentalisiert,
da wird Schule zur Farce.

Nicht Wissensvermittlung steht an erster Stelle,
sondern es soll eine Generation herangezogen werden,
die sich einem großen, einzigartigen Führer gehorsam unterwirft
und sich widerstandslos zu dessen Huldigung
in Form eines ausschweifendem Personenkultes nötigen lässt.

Der Staat bemüht sich, junge Menschen gleichzuschalten
zu funktionierenden Wesen.
Das ist doch alles schon dagewesen.
Diese Entwicklung schreitet voran
wie nach einem Lehrbuch zum Aufbau eines totalitären Staates.

In einer Schule sollte Wissen vermittelt werden
und die Kompetenz, Zusammenhänge zu erkennen,
diese auszuwerten und Schlüsse daraus zu ziehen.

Doch der Mensch als eigenständig denkendes Wesen,
wird von den Mächtigen inzwischen als Gefahr wahrgenommen,
als Verräter des Führers und Feind des Staates.
Der Führer selbst ist der Staat.
Und seine treuen Lakaien die Nutznießer.

Ein Regime wie dieses,
will keine Menschen, die Fragen stellen.

Ich stöbere in den Fotos auf meinem Computer
und sehe in fröhliche, sorglose Gesichter
von kleinen und größeren Schülerinnen und Schülern,
im Unterricht oder auf dem Sportplatz.
Sie spielen im Pausenhof miteinander
oder tanzen gemeinsam in bunten indigenen Trachten,
begleitet von den Lehrkräften und beobachtet von stolzen Eltern.

Die Fotos zeigen auch die Anfänge der Schule,
und die ersten Kinder, die bei uns die Schulbank drückten.
Die Kleinen von einst arbeiten heute
als Ärzte, Rechtsanwälte, Techniker, Maurer oder was auch immer.
Inzwischen sind ihre eigenen Kinder schon wieder an meiner Schule.

Ich schließe die Fotos und habe wieder den Blick
auf die wenigen Zeilen, die ich vor einer gefühlten Ewigkeit verfasst
habe:
„… die schwierige Entscheidung getroffen,
unsere Schule zu schließen."

Nichts stärkt den einzelnen Menschen mehr
– und somit die Gesellschaft als solche –
als eine schulische Ausbildung.

Doch die Ideologie des Staates,
spiegelt sich mehr und mehr in den Lehrplänen.
Was nicht passend ist, wird passend gemacht.
Die staatliche Kontrolle wird zunehmend spürbarer.
Es ist wie ein Strick, der sich erst langsam zuzieht
und dann die Luft zum Atmen nimmt
und so dem Gehirn den Sauerstoff entzieht.

Ich werde mit meiner Schule zum Instrument
einer manipulativen und ignoranten Erziehung gemacht.
Es scheint nicht weiter möglich zu sein,
den Spagat zwischen staatlichen Vorgaben
und einer verantwortungsvollen schulischen Ausbildung zu schaffen.

Besser rechtzeitig die Reißleine ziehen.
Warte ich zu lange,
könnte uns alles, was wir aufgebaut haben, genommen werden.
Vor vielen Gefahren können wir uns mit Vorsicht schützen.
Wenn die Gefahr vom Staat ausgeht, dann nicht.
Denn der Staat ist überall.

Ein Klick nur und hunderte Familien werden ohne Schule dastehen.
Und ich werde davor kapituliert haben, dass sich ein politischer Führer
in meine persönliche Biographie einmischt und das zerstört,
wofür ich Jahrzehnte hart gearbeitet habe.

Nein.

Der endgültige Klick wird nicht gemacht.
Für Kapitulation bin ich nicht feige genug.

– Es geht um die Menschen, die mir wichtig sind.

MOMENTAUFNAHMEN

Dialog der Begegnung

Ich halte das Glück in meinen Händen.

        Ich komme dir entgegen.

Behutsam reiche ich es an dich weiter.

        Ja, vertraue mir.
        Ich werde es hüten.

Lauf! Spring! Tanz!

        Die Routine durchbrechen.

Lass die Leute doch schauen.

        Ballast fallen lassen,
        mich leicht fühlen.

Das Gefühl der Leichtigkeit genießen.
Andere daran teilhaben lassen.

        Könnte ja ansteckend sein.

Wir begegnen uns.

        Wir haben uns gefunden.

        Was für ein Glück!

Momente, die bleiben

Ich jage Momenten nicht hinterher;
ich bin kein Jäger und will sie nicht erlegen.
Ich suche Momente nicht;
sie lassen sich nicht erzwingen.

Ich sammle Momente,
sie sind mir Proviant auf meinem Weg:

Die erste Nacht des Kleinen, acht Jahre alt,
nach jahrelangem Straßenleben,
erstmals in einem eigenen Bett geschlafen.
Am Morgen seine Worte: *„Ich habe schön geschlafen."*
Was für ein Moment!

Die Geburtstagsfeier eines 15-Jährigen bei mir im Haus.
„Das erste Mal, dass ich gefeiert wurde!
So schön kann Leben sein!"
Was für ein Moment!

Ein anderer sagte am Tag nach der Abiturfeier:
„Bei dir hatte ich die Chance, eine Schule zu besuchen.
Du solltest stolz sein.
So wie ich es heute bin."
Was für ein Moment!

Die Großmutter eines Zweitklässlers, der im Koma fast gestorben wäre,
weil Geld zur weiteren Behandlung fehlte, schrieb:
„Der Kleine lebt. Heute ist er ein ganz normaler fröhlicher Junge.
Und sein Leben ist ein Geschenk!"
Was für ein Moment!

Ein anderer Junge sagt nach Jahren:
„Ich lebte von Betteln, Stehlen und war drogenabhängig.
Jetzt habe ich meine eigene Familie.
Alleine hätte ich das nie geschafft!"
Was für ein Moment!

Ja, ich sammle Momente.
Sie sind mir wie Proviant auf meinem Weg,
der gelegentlich sehr steinig ist.
Jeder dieser und anderer Momente,
zeigt: Es lohnt sich, den Weg zu gehen.

Innehalten

Manche Tage und Wochen sind wie verhext.
Nichts mag mir gelingen.
Was ich auch tu,
es scheint nur noch komplizierter zu werden.
Frust macht sich breit.
Entspannung nicht in Sicht.
Wird Zeit, dass ich mal Abstand nehme.
Abstand von mir selbst.
Mich neben mich stellen,
mich selbst beobachten,
um mir dann selbst einen guten Ratschlag zu geben.
Könnte mir gut tun
und ich könnte ganz neue Seiten
an mir entdecken.

Der Wutfaktor

Was war ich schon wütend.
Auf Ereignisse.
Auf politische Verhältnisse.
Auf Andere.
Auf mich selbst.
Bei manchen Gelegenheiten war ich mir nicht sicher,
ob ich nur verärgert war oder tatsächlich schon wütend.

Sicherungen scheinen durchzubrennen,
die Kontrolle rutscht durch die Finger.
Aber wer halbwegs mit sich im Reinen ist,
lässt Wut dauerhaft keinen Raum.
Denn Wut zerstört.
Wut macht blind.
Wut schürt Angst.

Aus Angst wird Hass.
Wut ist höchst gefährlich,
wenn sie zum Instrument der Macht wird:
von politischen Führern genutzt
gegen Andersdenkende, Andersgläubige,
Andersliebende, Andersaussehende.

Die Wut als politisches Instrument gegen
Fremde, Schutzsuchende, Minderheiten,
ist wie ein Bombardement gegen gute Sitten,
gesellschaftliche Errungenschaften und solidarischen Fortschritt.
Instrumentalisierte Wut ist die niveaulose, verantwortungslose Form
vermeintlich sauberer Menschen.

Nun habe ich Wut auf die Wut.

Hass ist hässlich

Die Geduld verlieren.
Den Respekt.
Dann der laute Schrei,
weil Argumente längst nicht mehr zählen.
Ein Wort ergibt das andere.
Längst ist nicht mehr klar,
worum es eigentlich geht.
Es bleibt der Anstand auf der Strecke
und die berechtigte Sorge,
dass die Wut mit dem Hass
ein Gesicht bekommt,
oder genauer, eine Fratze.
Hass ist hässlich.
Hass ist weder fotogen noch sympathisch.

EPILOG

Mich nicht nur frei fühlen,
sondern mich frei machen,
von all dem,
was mich schwer nach unten zieht
und was mir den Atem abschnürt.

Abschütteln,
was mir die Neugierde auf Leben nimmt,
wegräumen, was mir neue Wege verstellt.

Es ist Zeit, das Leben mit Freude zu füllen.

Der Autor

Frank Weber. Jahrgang 1960. Während seines Studiums der Theologie in Würzburg verlief ein Studienaufenthalt in Cochabamba/Bolivien anders als geplant: Er gründete 1985 Wohngemeinschaften als Alternative für Kinder und Jugendliche, die bislang in den Straßen Cochabambas leben mussten (Casa Nuevo Amanecer). Es entstanden eine Künstlerwerkstatt, eine Kunstgalerie und 1988 das Bildungszentrum Richard-von-Weizsäcker, das bis heute einzige staatlich anerkannte Privat-Gymnasium in Bolivien und darüber hinaus, das aber kein Schulgeld erhebt und für Kinder und Jugendliche aus sozial schwachen Familien offensteht. Daneben entstanden auf Initiative Frank Webers eine Reihe von sozialen Angeboten für benachteiligte Kinder und Jugendliche, sowohl in Cochabamba wie im brasilianischen São Paulo.

Auch dieses Buch trägt zur Finanzierung der sozialen Projekte bei.
Die gesamte Arbeit wird bis heute ohne staatliche und kirchliche Hilfe finanziert.

Weitere Informationen:
www.strassenkinderhilfe.de
www.casa-nuevo-amanecer.com
www.ce-rv-weizsaecker.com
www.telar-verlag.de